Dominique Schmitt

Rhetorik unter dem Gesichtspunkt der sozialen Kompetenz

Überzeugend und ansprechend vortragen

GRIN Verlag

Bibliografische Information der Deutschen Nationalbibliothek:

Die Deutsche Bibliothek verzeichnet diese Publikation in der Deutschen National-
bibliografie; detaillierte bibliografische Daten sind im Internet über http://dnb.d-
nb.de/ abrufbar.

Dieses Werk sowie alle darin enthaltenen einzelnen Beiträge und Abbildungen
sind urheberrechtlich geschützt. Jede Verwertung, die nicht ausdrücklich vom
Urheberrechtsschutz zugelassen ist, bedarf der vorherigen Zustimmung des Verla-
ges. Das gilt insbesondere für Vervielfältigungen, Bearbeitungen, Übersetzungen,
Mikroverfilmungen, Auswertungen durch Datenbanken und für die Einspeicherung
und Verarbeitung in elektronische Systeme. Alle Rechte, auch die des auszugsweisen
Nachdrucks, der fotomechanischen Wiedergabe (einschließlich Mikrokopie) sowie
der Auswertung durch Datenbanken oder ähnliche Einrichtungen, vorbehalten.

Imprint:

Copyright © 2005 GRIN Verlag GmbH
Druck und Bindung: Books on Demand GmbH, Norderstedt Germany
ISBN: 978-3-640-17383-9

GRIN - Your knowledge has value

Der GRIN Verlag publiziert seit 1998 wissenschaftliche Arbeiten von Studenten, Hochschullehrern und anderen Akademikern als eBook und gedrucktes Buch. Die Verlagswebsite www.grin.com ist die ideale Plattform zur Veröffentlichung von Hausarbeiten, Abschlussarbeiten, wissenschaftlichen Aufsätzen, Dissertationen und Fachbüchern.

Visit us on the internet:

http://www.grin.com/

http://www.facebook.com/grincom

http://www.twitter.com/grin_com

Julius-Maximilians-Universität Würzburg

Lehrstuhl für Psychologie I

Schriftliche Ausarbeitung des Referats

Rhetorik unter dem Gesichtspunkt der sozialen Kompetenz

im Oberseminar

Kommunikations- und Interaktionsstörungen, WS 2004/2005

vorgelegt von:

Dominique Schmitt

Würzburg, den 10.2.2005

Inhaltsübersicht

„Die Rede ist die Kunst, Glauben zu erwecken" (Aristoteles)

Die gegenwärtige Berufswelt erfordert zunehmend das öffentliche und anschauliche Präsentieren persönlicher Interessen und Standpunkte. Die Einsatzgebiete der modernen Rhetorik reichen dabei von der Vorstellung neu gewonnener Forschungsergebnisse bis hin zur Überzeugung der eigenen Vorgesetzten von einem neuen Projekt. Der Aufsatz „Rhetorik – überzeugend und ansprechend vortragen" soll nun erste Möglichkeiten aufzeigen, wie ein Redner innerhalb seines Vortrags zum einen eloquent, aber auch sozial kompetent wirken kann. In diesem Zusammenhang soll sowohl auf Arbeitstechniken der antiken als auch der modernen Rhetorik zurückgegriffen werden.

1. Einführung

1.1 Zum Begriff der Rhetorik

Unter Rhetorik versteht man gemeinhin die „Wissenschaft von der wirkungsvollen Gestaltung *öffentlicher* Reden" (Duden, 2004). Diese noch recht weit gefasste Definition beinhaltet bereits den Aspekt der Öffentlichkeit: Eine Rede erfüllt nur dann ihren Zweck, wenn sie an eine mehr oder weniger große Masse an Zuhörern gerichtet ist.

Eine umfassendere Definition liefern Ueding und Steinbrink (1986): Demnach ist es also Gegenstand der Rhetorik, „die Möglichkeiten zu erforschen, und die Mittel bereitzustellen, die nötig sind, die *subjektive Überzeugung* von einer Sache allgemein zu machen." (Internetquelle ①). Neben dem bereits erwähnten Aspekt der Allgemeinheit nennen die Autoren hier noch die persönliche Einstellung und Ansicht des Redners als wesentlichen Bestandteil seines Vortrags.

Während sich die fachliche Kompetenz des Redners eher aus dem Inhalt seiner Präsentation ergibt, lässt sich aus der Art des Vortragens erkennen, inwieweit der Vortragende auch über Merkmale der sozialen Kompetenz verfügt. Der sprachliche Ausdruck, die stimmliche und gestische Ausführung, die persönliche Präsenz und die Interaktion mit dem Publikum sind Mittel, mit deren Hilfe die eigene Überzeugung von einem Redegegenstand vermittelt und gleichzeitig auch eine gewisse Souveränität auf das Publikum ausgestrahlt werden kann. Mitunter wird das Redeziel durch die Art des Vortrags nahezu besser erreicht als durch seinen Inhalt.

Zusammengefasst verfolgt der Redner mit seinem Vortrag also das Ziel, ein ihm wichtiges Anliegen der Öffentlichkeit mitzuteilen und somit gemäß einer entsprechenden Zielsetzung auf die Zuhörerschaft einzuwirken.

Dies kann auf vier Arten geschehen.

3

1.2 Verschiedene Redearten

Die moderne Rhetorik unterscheidet vier Redetypen:

- **Die Informationsrede:** Hier dient der Vortrag einzig und alleine der Übermittlung von Information. Der Redner hat sich im Vorfeld seiner Rede mit einem spezifischen Wissensgebiet intensiv auseinander gesetzt und möchte seine Erkenntnisse nun an die Zuhörerschaft vermitteln. Dies kann im Rahmen von Referaten, Fachvorträgen oder auch Vorlesungen geschehen (Marten & Schreiber, 2000, S.74 f.).

- **Die Überzeugungsrede:** Ziel dieser Redeart ist es, dem Publikum seinen eigenen Standpunkt plausibel zu erläutern und die Zuhörer schließlich von einem bestimmten Sachverhalt zu überzeugen. Anwendung findet sie u.a. in der Politik, wenn die Wähler bspw. von den eigenen Parteiprogrammen überzeugt werden sollen. Aber auch die Plädoyers am Ende einer Gerichtsverhandlung sind Überzeugungsreden (Weghorn, 1996, S.33).

- **Die Gelegenheitsrede:** Das öffentliche Leben bietet eine Vielzahl von Gelegen-heiten, an denen ein Redner das Wort ergreift. Dies kann z.B. eine Beerdigung, ein festlicher Anlass, eine Geselligkeitsrede bspw. zur Faschingszeit oder die Begrüßung einzelner Honoritäten sein. Die jeweilige Zielsetzung, die mit dem Vortrag verfolgt werden soll, ergibt sich dabei aus dem gegebenen Anlass. So soll mit einer Trauerrede dem Toten gedacht werden, wohingegen eine Büttenrede für Freude und Heiterkeit sorgen soll (Lemmermann, 1993, S.174ff.).

- **Die Pressekonferenz:** Der bedeutsamste Unterschied zwischen der Pressekonferenz und den oben genannten Redetypen besteht v.a. in der ausgeprägten Interaktion mit dem Publikum. Ein Redner muss während einer Pressekonferenz den Journalisten Frage und Antwort stehen. Dabei reicht eine bloße Übermittlung von Information nicht aus. Vielmehr sind Moderatorqualitäten gefragt, um im Verlauf des Interviews einerseits angemessen auf die gestellten Fragen zu antworten und andererseits aber auch das Geschehen gezielt zu lenken, so dass mit Hilfe der Pressekonferenz die eigenen Interessen und Kompetenzen zu Ausdruck kommen können (Marten & Schreiber, 2000, S.82 f.).

1.3 Produktionsstufen der klassischen Rhetorik

Viele Grundzüge der heutigen Redekunst nehmen ihren Ursprung in der klassischen Rhetorik der Antike. Schon damals beschäftigten sich namhafte Politiker wie Caius Julius Caesar (100-44 v. Chr.) oder auch Marcus Tullius Cicero (106-43 v. Chr.) damit, was einerseits eine gute Rede und anderseits aber auch einen guten Redner auszeichnet. So sind uns neben gängigen klassisch-rhetorischen Arbeitstechniken auch entsprechende Persönlichkeitsmerkmale überliefert, die nach damaligem Verständnis die Qualität eines politischen Vortrags entscheidend prägen sollten.

Den bedeutsamsten Einfluss auf die antike, aber auch auf die moderne Rhetorik hat dabei bis heute der römische Redelehrer Quintilian. Marcus Fabius Quintilianus (35-95 n. Chr.) war der erste Professor an einem öffentlich besoldeten Lehrstuhl für Rhetorik am Hof des Kaisers Domitian. Hier entwickelte er einen systematischen Lehrgang, der die Erziehung vom Kind bis zum erwachsenen Redner aufzeigte, und somit die Rhetorik und die Pädagogik zu einer Einheit verband (Internetquelle ③).

In seiner zwölfbändigen „Unterweisung in die Redekunst" („institutio oratoria") lehrte Quintilian u.a. die Produktion einer Rede von der ersten Idee bis hin zum öffentlichen Vortrag.
Er unterschied dabei fünf Produktionsstufen:

- **inventio („Erfindung"):** Vor der sprachlichen Ausformulierung eines rhetorischen Vortrags sind einleitende Überlegungen zu tätigen. So muss sich der Redner über den Anlass der Rede klar werden, sich aktuelle Problemstellungen erarbeiten und bereits erste Argumente und Informationsquellen sichten. Daraus ergeben sich dann der eigentliche Redegegenstand („Um was geht es in der Rede") und die entsprechende Zielstellung („Was soll mit dem Vortrag bewirkt werden?").

- **dispositio (Gliederung):** Im nächsten Schritt muss diese „Erfindung" dann anhand eines Strukturschemas sinnvoll geordnet und gegliedert werden. Hier soll der Blick bereits auf das Redeziel gelenkt werden, denn der Redner hat die Argumente so anzuordnen, dass sie in bestmöglicher Weise das angestrebte Redeziel befördern und so die optimale Wirkung entfalten können.

- **elocutio („Versprachlichung"):** Erst der dritte Schritt beschäftigt sich mit dem eigentlichen Ausformulieren der Rede. Die gesammelten Argumente und Informationen werden sprachlich eingekleidet und so verdeutlicht. Dabei soll sich der Redner zwei Zielstellungen vor Augen führen: einerseits muss bei der Versprachlichung die Richtigkeit und Angemessenheit der Argumente gewährleistet sein. Andererseits sollen mit Hilfe des Vortrags auch die sprachlichen Fähigkeiten des Redners demonstriert werden.

- **memoria („Einprägen"):** In der klassischen Rhetorik waren schriftliche Notizen verpönt, bei Gerichtsreden teilweise sogar ausdrücklich untersagt. Eine wichtige Aufgabe des Redners war es also auch, sich die Rede ins Gedächtnis einzuprägen. Quintilian formulierte schon damals erste mnemotechnische Ratschläge, die das Auswendiglernen einer Rede erleichtern sollten. Besonders beeindruckend erscheinen dabei die *memoriae* *artificales*, wonach bestimmte Redeabschnitte mit einzelnen äußeren Merkpunkten (z.b. die Balken eines Zimmers) verknüpft und so später wieder leichter erinnert werden sollten.

- **pronuntiatio/actio („Vortrag"):** Die letzte Phase betrifft schließlich den öffentlichen Vortrag selbst. Quintilian unterschied hierbei zwei Ebenen der Vortragskunst. Mit *actio* bezeichnete er das physische Auftreten des Redners, seine Gestik und Mimik, mit der er seine Glaubwürdigkeit und Integrität unterstreichen sollte. Diesem Aspekt der nonverbalen Kommunikation stellte er die verbale Vortragskunst (*pronuntiatio*) gegenüber. Dabei interessierten v.a. der planmäßige Einsatz von sprachlichen Stilmitteln und die jeweils zu erzielenden Wirkungen (Internetquelle ①).

Im Folgenden soll nun auf zwei dieser fünf Produktionsstufen genauer eingegangen werden. Zunächst soll aus der aktuellen Literatur ein Leitfaden zum Erstellen von Gliederungen beschrieben werden (*„dispositio"*), um im Anschluss daran sprachliche Stilmittel vorzustellen, die sich in der modernen Redepraxis bewährt haben (*„pronuntiatio"*).

2. Rhetorische Arbeitstechniken

2.1 Aufbau und Gliederung („dispositio")

Nachdem der sich Redner Klarheit über Gegenstand und Zielsetzung seines Vortrags verschafft hat und er sich bereits erste Argumente und Informationen erarbeiten konnte, gilt es im weitern Verlauf diese Gedanken logisch und kohärent zu gliedern. Dabei sieht sich der Redner häufig der Gefahr gegenüber, das eigentliche Redeziel in der teilweise unübersichtlich großen Vielfalt an Informationen aus den Augen und sich so im Detail zu verlieren. Umso wichtiger erscheint daher eine sorgfältige Strukturierung der inhaltlichen Gedankenführung, um auch im Verlauf des Vortragens zielstrebig auf die intendierte Kernaussage hinzusteuern. Bereits bei der Gliederung ist es also von entscheidender Bedeutung, einen roten Faden durch den gesamten Vortrag zu legen.

Eine schlichte Dreiteilung in Einleitung, Hauptteil und Schluss scheint zu diesem Zweck zu grobgliedrig. Besser eignet sich hier der von Marten und Schreiber (2000) vorgeschlagene *Arbeitsplan „Roter Faden"*. Die Gliederung ergibt sich dabei aus dem schrittweisen Abarbeiten einer Stichwortliste bestehend aus 11 Punkten:

1. **Fazit, Schlussaussage:** Erst wenn klar ist, welches Ergebnis mit dem Vortrag herbeigeführt werden soll, kann im Verlauf der Rede logisch auf dieses Ziel hingesteuert

werden. Die Autoren empfehlen daher, gleich zu Beginn der Strukturierung den Schluss des Vortrags bspw. in 5 Stichworten oder in einem konkreten Satz zu formulieren. Dies kann „eine Aufforderung zum Handeln sein, die Zusammenfassung der wichtigsten Aussagen eines Fachvortrags [...] oder der Glückwunsch an einen Jubilar." (Marten & Schreiber, 2000, S.66).

2. **Überschrift, Motto des Vortrags:** Anschließend sollte die Überschrift der Rede formuliert werden, in der mindestens zwei der zuvor notierten Stichworte auftauchen.

3. **Zusammensetzung der Zuhörerschaft:** Für eine angemessene inhaltliche Aufbereitung des Themas ist es unumgänglich, sich über den Kenntnisstand der Hörerschaft zu informieren. Daher sollte an dieser Stelle die Zusammensetzung des Publikums kurz notiert werden. Weiterhin ist es von Belang, sich die Erwartungen der Zuhörer an den Vortrag selbst, aber auch an die Person des Redners zu verdeutlichen.

4. **Notwendigkeit und Zweck:** Unter diesem Punkt sollte der Redner noch einmal die unter der Stufe *„inventio"* formulierten Gedanken bezüglich Redeanlass und Problemstellung notieren. Warum ist es überhaupt notwendig, die Rede zu halten? Mögliche Gründe könnten bspw. das Vorstellen neuer Forschungsergebnisse oder auch die steigende Zahl von Betriebsunfällen sein.

5. **Bedeutung der Aussagen für die Zuhörer:** Anschließend sollte zusammengefasst werden, warum die Aussagen für *alle* Zuhörer wichtig sind. Dabei kann der Vortragende davon ausgehen, dass interessierte Zuhörer dem Vortrag in jedem Fall aufmerksam folgen werden. Bei uninteressierten Zuhörern erscheint dies jedoch nicht sicher. Daher sollte sich der Redner gerade an der zuletzt genannten Zielgruppe orientieren und gleich zu Beginn des Vortrags versuchen, auch ihr Interesse für das Thema zu wecken.

6. **Argumente und Informationen**

7. **Gegenargumente und Kritik**

8. **Konsequenz und Synthese**

Diese drei Punkte ergeben zusammen den wichtigsten Teil des Vortrags, in dem der Redner seine Botschaft und seine Argumente anführt. Zwei Aspekte sind bei der Informationsvermittlung zu beachten:

- Argumente wirken nur dann glaubwürdig, wenn sie seitens des Redners gleich mit einer entsprechenden Bewertung in Zusammenhang gebracht werden. Der Zuhörer muss das Gefühl haben, dass er die gesamte Wahrheit erfährt, und nicht nur die halbe. Zugleich erleichtert eine kritische Betrachtung die Beurteilung und

Einordnung der angeführten Informationen durch den Zuhörer (Marten & Schreiber, 2000, S.81). [1]

- Weiterhin stellt sich die Frage, in welcher Reihenfolge die Informationen und Argumente ihre größte Wirkung erzielen. Ist es bspw. sinnvoll, mit den stärksten Argumenten zu beginnen, oder sollten diese bis kurz vor Schluss aufgespart werden? In diesem Zusammenhang hat sich in der Praxis das sog. *Köderprinzip* bewährt: Danach empfiehlt es sich, mit einem mittelstarken Argument anzufangen. Anschließend fährt man mit einem schwächeren fort, dann steigert man sukzessive seine Argumentation und rundet diese schließlich mit dem stärksten Argument ab (Will, 2000, S.26).

9. **Zusammenfassen der wichtigsten Punkte:**   Hier kann Punkt eins übernommen und dafür vorne weg gestrichen werden.

10. **Literaturliste:**   Eine strukturierte Auflistung der zur Verfügung stehenden Literatur kann in zweifacher Hinsicht sinnvoll sein: zum einen erleichtert eine solche Liste es dem Redner, sich in der gegebenenfalls umfangreichen und unübersichtlich erscheinenden Masse an Literatur zu Recht zu finden. Zum andern gestattet sie auch den gezielten Verweis auf ausgewählte Informationsmöglichkeiten, mit deren Hilfe sich der Zuhörer vertieft mit dem behandelten Thema auseinander setzen kann.

11. **Dank an die Zuhörer:**   Ein sicher wirkender Schluss rundet einen gelungenen Vortrag nicht nur adäquat ab, er trägt zudem zu einem sozial kompetenten Erscheinungsbild des Redners bei. Daher kann es hilfreich sein, den Dank bei den Zuhörern schriftlich niederzulegen, um ihn beim Vortrag selbst dann nicht zu vergessen.

Der zum Spannen eines roten Fadens dargestellt Arbeitsplan berücksichtigt zwar die klassische Dreiteilung einer jeden Rede (also Einleitung – Hauptteil – Schluss), allerdings bestehen diese drei Teile wiederum aus mehreren Unterpunkten. Nach Marten und Schreiber (2000) lässt sich diese Dreiteilung durch folgende Zuordnung der genannten zehn Punkte (denn der erste rutscht ja später an die neunte Stelle) erreichen:

Die Einleitung besteht aus den Punkten 2, 3, 4 und 5, der Hauptteil ergibt sich aus den Punkten 6, 7 und 8, und der Schluss setzt sich dann aus den Punkten 9, 10 und 11 zusammen.

---

[1] Auf gebräuchliche Argumentationsschemata kann im Rahmen dieser Arbeit nicht detailliert eingegangen werden. Für einen umfassenderen Überblick sei daher an dieser Stelle auf Will (2000, S.28) verwiesen.

Dieser Arbeitsplan ermöglicht zum einen ein strukturiertes und geordnetes Vorgehen bei der weiteren Planung der Rede und stellt zudem sicher, dass der Vortrag zielstrebig entlang eines roten Fadens auf die Schlussaussage hinsteuert (Marten & Schreiber, 2000, S.66ff.).

2.2 Rhetorische Sprachelemente („pronuntiatio")

Quintilian unterschied zwei Ebenen der Vortragkunst: die nonverbale und die verbale. Im weiteren Verlauf der vorliegenden Arbeit soll nun vertieft auf die verbale Kunst des Vortragens, also auf den gezielten Einsatz von sprachlich-stilistischen Elementen eingegangen werden.

Rhetorische Stilmittel erfüllen immer einen Zweck, sie haben also durchweg funktionellen Charakter. Mit ihrer Hilfe lassen sich Argumente eindringlich untermauern, komplizierte Inhalte anschaulich darstellen sowie trockene und theoretische Bestandteile spannend gestalten. Weiterhin fördern sie die Interaktion mit den Zuhörern und unterstreichen sowohl die fachliche als auch die soziale Kompetenz des Redners.

Im Folgenden sollen nun einige rhetorische Stilmittel vorgestellt werden, die sich in der modernen Praxis bewährt und die in der aktuellen Literatur vermehrt empfohlen werden.[2]

- **Ankündigungen:** Bei der Ankündigung handelt es sich um eine Vorwegnahme eines Sachverhalts, der im Verlauf des Vortrags noch folgen wird *("und später werden wir dann sehen..."; "ich werde am Schluss noch einmal darauf zurück kommen...")*. Ein solches Vorgehen wirkt lebendig, weckt die Neugier und Erwartungen der Zuhörer und spannt zudem einen stilistisch eleganten Bogen durch den Vortrag.

- **Beispiel, Bild und Vergleich:** „Durch diese Mittel lassen sich komplizierte, theoretische oder fachfremde Zusammenhänge verdeutlichen, indem man auf die Interessenebenen oder den Erfahrungshorizont der Zuhörer projiziert." (Marten & Schreiber, 2000, S.92). Ein Beispiel hat somit immer veranschaulichenden Charakter. Seine Anwendung bietet sich dem Redner immer dann an, wenn er dem Publikum schwer vorstellbare Mengen und Größen verdeutlichen möchte. Beispielsweise kann sich kaum jemand vorstellen, wie groß eine Fläche von 100000 m² tatsächlich ist. Der Vergleich mit 20 Fußballfeldern erleichtert hingegen die Einordnung der gegebenen Fläche in den eigenen Erfahrungshorizont.

---

[2] Es kann sich im Rahmen dieser Ausführungen nur um einen knappen Überblick der gebräuchlichsten Stilmittel handeln. Für detailreichere Darstellungen seien Marten & Schreiber (2000, S.91ff.), Lemmermann (1993, S.109ff.) und die Internetquelle ② empfohlen.

- **Erzählung / Anekdote:** „Wer statt x-beliebiger Beispiele eigene Beobachtungen schildert, fesselt seine Zuhörer und baut eine Beziehung zu ihnen auf. Denn er öffnet ihnen – und sei es nur für einen winzigen Spalt – sein Privatleben." (Marten & Schreiber, 2000, S. 93). Wie kaum ein anderes Stilmittel zielt die Erzählung die Aufmerksamkeit der Zuhörenden auf sich. Dieser Effekt lässt sich dadurch verstärken, dass auch in der Vergangenheit erlebte Ereignisse im **historischen Präsens**, also in der Gegenwart berichtet werden *(„heute früh lese ich in der Zeitung, dass… ")*. Weiterhin empfiehlt es sich, bei der Schilderung auf einen **aktuellen Bezug** zu achten, da dieser von der Zuhörerschaft am besten nachvollzogen werden kann.

- **Publikumsfrage:** Bei der Publikumsfrage startet der Redner im Publikum eine kurze Umfrage und bittet dabei um Handzeichen. Dies wirkt zum einen aktivierend auf die Zuhörer und fördert zudem auch die Interaktion mit ihnen. Allerdings ist hierbei zu beachten, dass die gestellte Frage in dem Maße verständlich und klar umrissen ist, dass die Zuhörer sofort einschätzen können, ob sie sich an dieser Stelle melden sollen, oder eben nicht. Außerdem sollte eine weiterführende Diskussion vermieden werden. Dies erfordert bei der Fragestellung eine Konzentration auf ein eng umgrenztes Themengebiet und zudem auch ein entsprechendes Geschick seitens des Redners.

- **rhetorische Frage / Scheinfrage:** Ein klassisches Stilmittel stellt die rhetorische Frage dar. Der Redner stellt dabei eine Frage, deren Antwort entweder jedem oder niemandem bekannt ist. Vor allem letzteres erlaubt es dem Vortragenden insofern, seine fachliche und soziale Kompetenz auszuspielen, als dass er in diesem Moment selbst der einzige ist, der seine Frage richtig beantworten kann. Außerdem birgt die Scheinfrage einen gewissen Überraschungseffekt, da das gesamte Publikum oder auch einzelne Zuhörer direkt angesprochen werden *(„Wie hätten Sie in diesem Fall reagiert?; „Warum sind da nicht schon andere darauf gekommen?")*.

- **Zitat:** Das Zitat stellt wohl das wichtigste und meist gebrauchte Stilmittel dar, um Argumente zu untermauern oder Stichworte hervorzuheben. „Denn Zitate oder Aphorismen können einerseits Akzente durch überraschende Deutungen oder humorvolle Betrachtungen setzen, andererseits können sie aber auch die Kompetenz des Redners dadurch unterstreichen, dass er sich auf Autoritäten beruft und deren Zitate seine Aussagen bestätigen oder stützen." (Marten & Schreiber, 2000, S.98).

Rhetorische Stilmittel stellen im Verlauf eines Vortrags in gewisser Weise das Salz in der Suppe dar. Daher stellt der gezielte und wohl dosierte Umgang mit stilistischen Sprachelementen eine große Herausforderung an den Redner.

Aber **wie oft** und v.a. **wann** sollte man Stilmittel einsetzen?

Neben den auf S.9 umschriebenen Funktionen haben die oben dargestellten Sprachelemente den Effekt, die Aufmerksamkeit der Zuhörer auf den Redner zu ziehen. Diesen Aspekt hat Weghorn (1996) im Hinblick auf den systematischen Einsatz von rhetorischen Stilmitteln beschrieben: „Jeder, der sich an seine Schulzeit erinnere, kennt die Phasen der Ermüdung während einer Unterrichtsstunde. [...] Nach wie vor ist der Irrglaube weit verbreitet, durch eine große Stoffülle [sic!] und lange Vorträge seine Zuhörer schlauer zu machen. Das Gegenteil ist der Fall! Die Aufmerksamkeit hält während eines Vortrags nur ca. fünf bis sieben Minuten an. Nach dieser Zeit sind bereits enorme Probleme in der Aufnahmefähigkeit erkennbar." (Weghorn, 1996, S.40).

Nach Ablauf dieser kurzen Aufmerksamkeitsspanne *(attention step)* bedarf es also des gezielten Einsatzes „verbaler Knalleffekte", um den Zuhörer auf sein ursprüngliches Aufmerksamkeitsniveau zurück zu bringen.

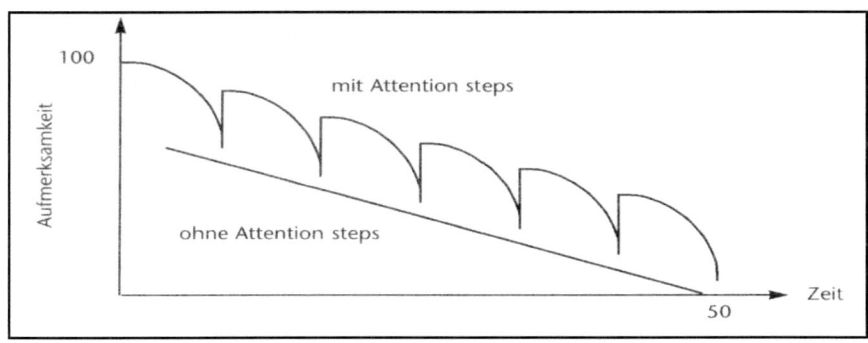

Abb.1: Verlauf der Aufmerksamkeitskurve mit und ohne attention steps (aus Weghorn, 1996, S.40)

Als sinnvolle „verbale Knalleffekte" haben sich v.a. die oben beschriebenen Stilmittel bewährt. Sie ziehen die Aufmerksamkeit auf sich und verhelfen dem Publikum so zu einer gesteigerten Konzentrationsfähigkeit.

Durch diesen gezielten und planmäßigen Einsatz rhetorischer Stilmittel kann der Redner also geschickt bewirken, dass seine Zuhörer mit der nötigen Beständigkeit dem Vortragsgeschehen folgen und so die angesprochenen Inhalte später auch besser erinnern.

3. Fazit

Die oben dargestellte Einführung in die rhetorische Arbeitstechnik kann nur einen kleinen Teil dieses großen und geschichtsträchtigen Wissensgebietes abbilden.

Trotz der verfügbaren Vielfalt an Rhetoriktrainings und –ratgeber kann meines Erachtens nur derjenige einen ansprechenden und gleichzeitig kompetent wirkenden Vortragsstil entwickeln, der durch permanentes Ausprobieren und Reflektieren für sich selbst entdeckt hat, welche Ratschläge am ehesten seinem eigenen Wesen entsprechen. Dabei spielt der Aspekt der Autenzitität eine entscheidende Rolle.

Im Zusammenhang mit seinen „Ratschlägen für einen guten Redner" formuliert der deutsche Dichter Kurt Tucholsky daher:

„Suche keine Effekte zu zielen, die nicht in Deinem Wesen liegen!" (Heckel, 1999, S.172).

Und auch Quintilian sah in der Natürlichkeit einen entscheidenden Faktor für die Glaubwürdigkeit eines Redners:

„Möge jeder sich kennen lernen und nicht nur aus den allgemeinen Regeln, sondern auch aus seiner natürlichen Eigenart die Überlegung gewinnen, wie er seinen Vortrag zu gestalten hat." (Internetquelle ③).

4. Literatur

Heckel, J. (1999). *Frei sprechen lernen: ein Leitfaden zur Selbsthilfe*. (2. Auflage). München: A1 Verlag.

Lemmermann, H. (1993). *Lehrbuch der Rhetorik*. (5. Auflage). München: mvg-Verlag.

Marten, R. & Schreiber, G. (2000). *Überzeugend reden vor Publikum*. München: Südwest-Verlag.

Weghorn, P. (1996). *Der Rhetorik-Profi*. Wien: Wirtschaftsverlag Ueberreuter.

Will, H. (2000). *Mini-Handbuch Vortrag und Präsentation*. Weinheim: Beltz-Verlag.

Internetseiten: ① www.rhetorik-homepage.de/Lehrbuch.html   (Zugriff am 14.1.2005)

              ② www.stilmittel.gereimt.de   (Zugriff am 20.1.2005)

              ③ www.schule-der-rhetorik.de/quintilian.html   (Zugriff am 21.1.2005)